Le Petit Livre de
L'AMITIÉ

Liane Beaurepaire

LE PETIT LIVRE DE L'AMITIÉ

ÉDITIONS DU ROCHER
Jean-Paul Bertrand

ISBN 2 268 03743 6

On n'est jamais seul
lorsqu'on a un ami.

L'amitié, c'est l'amour,
sans la sexualité.

La justice juge,
l'opinion juge,
les enfants aussi parfois,
mais un véritable ami, jamais.

L'amitié,
c'est la chaleur du cœur
contre les intempéries de la vie.

En amitié,
pas de mode d'emploi,
mais une précieuse mécanique,
celle du cœur.

L'amitié
est une belle fleur
qui nécessite beaucoup
d'attentions
pour s'épanouir.

Si amour rime avec toujours,
amitié rime avec éternité.

Un regard, un sourire,
quelques mots échangés,
est-ce le début d'une amitié ?

Amitié, complicité de l'esprit,
que serions-nous sans toi ?

La main tendue de l'ami(e)
aide à franchir
les fossés de la vie.

La critique positive peut aider un ami dans le désarroi.

Savoir écouter,
comprendre,
être disponible
sont les bases de l'amitié.

Il ne faut pas confondre
amitié et relations,
affection profonde
et camaraderie.

Celui qui ne fait pas
la différence
entre un ami et un copain
est bien à plaindre.

L'amitié de l'enfance,
ce bain de jeunesse
qui rafraîchit l'âme.

L'amitié n'a pas de sexe :
ni homo ni hétéro,
seulement ami(e).

Quoi que tu fasses,
ton ami(e) te restera fidèle.

Communion dans l'amitié,
instants d'éternité.

C'est dans le malheur
qu'on reconnaît ses amis.
Dans le bonheur aussi.

Passez les années,
passez vents et marées,
éloignez-vous déceptions
et petites misères.
Même si nous ne pouvons
retenir nos parcelles de bonheur,
notre amitié demeure.

L'ami,
c'est le confident
qui remplace
le nounours de l'enfance.

L'adolescence
est propice au développement
des racines de l'amitié.
Bien entretenues,
elles portent jusqu'à l'infini
les fruits de l'affection.

Aimer d'amour ou d'amitié,
partager peines et joies,
de l'enfance à la vieillesse,
amants, amis,
quoi de plus merveilleux ?

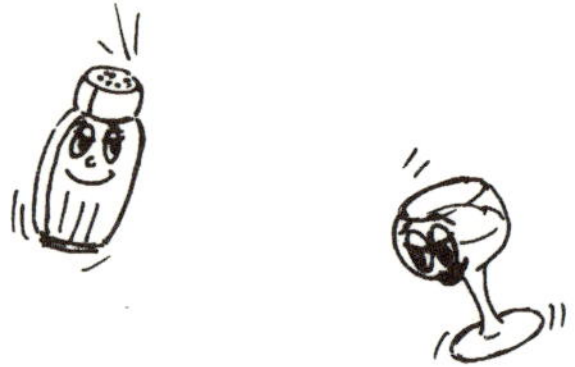

L'amitié est une question
de feeling,
sans attirance physique.

L'ami sait écouter
dans la peine,
rire dans la joie,
partager en tout.

Ami, je t'écoute,
n'aie plus de doute,
je suis là.

Ô ami,
l'au-delà t'a pris,
la mort a séparé notre visible,
mais nos âmes
resteront attachées à jamais.

Source d'énergie positive,
l'amitié nous oblige
à faire taire l'égoïsme
qui sommeille
en chacun de nous.

Si aider un ami
est un devoir,
c'est aussi
le bonheur de donner.

On ne se fait pas amis
par hasard.

Amitié reniée,
parjure assuré.

L'amitié n'est jamais
affaire de serments,
elle l'est parfois
de tourments,
et toujours
de profondes joies.

Les amis sont frères et sœurs
que notre cœur a choisis.

L'amitié est une chaîne
dont les maillons,
quelles que soient
les couleurs et les formes,
restent à jamais inséparables.

riche ou pauvre,
puissant ou manant,
qu'importe mon ami…
tu es mon ami.

L'amitié est un trésor
qui ne s'achète pas,
et que l'on donne
sans compter.

L'homme est un monument
à la gloire de la Création,
son esprit en est la construction,
l'amitié un des ciments.

La vie est un miracle,
l'amour en est le feu,
l'amitié en est le souffle.

Qu'importe la distance,
quand l'amitié résiste.

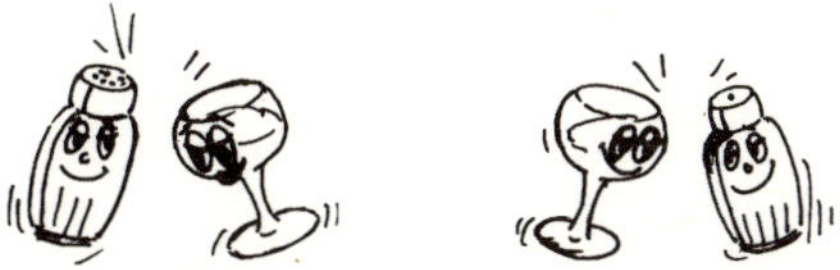

dans le vacarme
d'un monde sourd,
ami, je le sais,
toi seul sais entendre
ce que parfois je tais.

Amitié,
ces précieux instants
de connivence,
qui calment les souffrances,
qui apaisent
les chagrins de la vie.

Amitié,
joie sublime et pudique
par l'instant de bonheur
d'une main tendue.

On a les amis que l'on mérite.

Toi qui te plains
de n'avoir pas d'amis,
cherche dans ton cœur
pour en trouver la raison.

Le bonheur d'échanger,
de partager,
d'avancer plus sereinement
sur notre chemin.

Tout est éphémère,
rien n'est inutile.
La fortune est superflue,
l'amour est indispensable
et l'amitié est comme
l'air et l'eau… vitale.

Se comprendre sans parler
ou refaire le monde
en discutant,
c'est aussi de l'amitié.

La vie s'écoule
et il arrive que l'amour passe,
mais à jamais,
l'amitié doit nous rester.

tu es ce que je ne suis pas,
pourtant, je suis ton ami(e)
et tu es mon ami(e).

Contrairement
à l'alcool, l'amitié
ne souffre pas
la modération.

L'amitié ne peut être
que désintéressée.

Qu'importent
les démonstrations,
quand l'amitié est sincère.

Un sourire n'est parfois rien,
celui de l'ami est tout.

rides du temps
ou lys de la jeunesse,
qu'importe,
quand l'amitié nous lie.

Riches ou pauvres,
nous sommes tous égaux
quand l'amitié survient.

L'amitié est un soleil,
que la mort de l'ami ternit.

Envies et jalousies
ne s'accordent pas avec l'amitié.

On peut tout dire à un ami,
car il peut tout comprendre.

Les conseils des amis
sont désintéressés,
car ils sont donnés
pour notre bien.

Entre la vie et la mort
existent des passerelles.
Parmi les plus sacrées
existe l'amitié.

L'amitié se partage,
mais ne se divise pas.

L'amitié se bâtit,
avec l'affection
en guise de ciment.

Forteresse du cœur,
l'amitié se construit
au mortier de tendresse.

En amitié,
le cerveau n'est rien,
l'intelligence du cœur suffit.

Abuser d'amitié
n'est pas péché.

Comme sont à plaindre
ceux qui, en manque d'amis,
ne peuvent partager
leur affection
qu'avec des animaux !

Qu'il soit chien,
chat ou humain,
l'ami n'a qu'un credo,
l'amitié.

être amis
n'impose pas d'être toujours
du même avis.

L'amitié
est doublement un don,
car il ne s'agit pas simplement
d'être doué d'affection,
mais également de savoir
donner de son temps.

Les amis sont les repères de notre existence.

Lorsque les enfants
devenus adultes deviennent
les amis des parents,
n'est-ce pas une belle réussite ?

Tel un soufflé,
bien veiller à ne pas laisser
retomber l'amitié.

Trahir un ami,
c'est perdre sa foi en soi.

De l'amitié,
il faut trouver la bonne clé.
Facile ! Un seul mot
y est gravé : fidélité.

Point n'est besoin d'attiser
sans cesse la flamme
de l'amitié sincère.
Elle réchauffe de façon naturelle.

Pour réussir
une belle amitié, nul besoin
de laisser longtemps mijoter.
Comme pour la mayonnaise,
avec un peu de bonne volonté,
elle prendra.

Les amitiés de l'enfance
sont le soleil du printemps.

Moments de bonheur partagés.

Il ne peut y avoir d'amitié sans tolérance.

Se méfier
des faux amis qui veulent
nous faire croire
à d'irréels bonheurs.

Pas de verrous
à la porte de l'amitié,
il n'y a qu'à en franchir le seuil.

Savoir lire entre les lignes du grand livre de l'amitié.

Ne pas croire que l'amitié excuse tout.

Nul besoin d'un éphéméride,
pour donner date à l'amitié.
Être entouré d'amis sincères,
c'est tous les jours la célébrer.

Entre amis,
le plaisir d'offrir
est aussi grand
que celui de recevoir.

Décevoir un ami,
c'est se trahir soi-même.

Au labyrinthe de la vie,
toi l'ami(e), tu es mon guide.

Ne pas confondre
amitié et servilité.

La vie est plus aisée,
pavée des pierres de l'amitié.

L'amitié ne se marchande pas.

Par les frimas,
sous le soleil ou sous la pluie,
le jardin d'amitié
se cultive en toutes saisons.

Amitié chérie,
que ne fait-on pas en ton nom !

Il n'y a que des gagnants
au grand jeu de l'amitié.

Amitié,
sentiment sans raison ni lois,
amitié, lien magique
aux mystères insondables.

Amitié,
chaîne sacrée dont la brisure
peut déstabiliser ceux
qui croyaient en sa pérennité.

Amitié,
une des plus belles
réalisations humaines.

L'amitié est comme le bon vin, elle se bonifie avec l'âge.

On ne peut pas se substituer
aux décisions à prendre
par un ami,
mais on peut l'épauler.

L'amitié,
c'est une bouffée d'oxygène,
pas une béquille.

Ne pas compter sa peine,
pour alléger
celle de son ami(e).

L'amitié,
c'est respecter les différences.

Aider l'ami en détresse,
mais ne pas se substituer à lui.

La trame de l'amitié
sert de filet, pour empêcher
de sombrer dans les tempêtes
de la vie.

Passeport pour traverser,
de la rive de la solitude
à celle de la convivialité.

Éviter de trop solliciter les amis : ce n'est pas très amical de leur compliquer l'existence.

Amitié,
précieux limon fertilisant,
pour la culture de la joie.

à l'impossible
nul n'est tenu,
mais rien n'est impossible
entre amis.

Pour être invité
à la table de l'amitié,
seule la profondeur
des sentiments est importante ;
inutile de vouloir paraître
ce qu'on n'est pas.

L'amitié,
une des dernières richesses
non encore polluées
de l'humanité.

L'amitié ne s'apprend pas
dans les livres, c'est l'instinct
qui nous la fait découvrir.

toute vérité
n'est pas bonne à dire,
sauf à l'ami sincère.

La vie est une féroce bataille,
l'amitié en est un bouclier.

L'amitié a la force du chêne,
mais sait plier comme le roseau.

Les amis nous accompagnent avec affection, quelles que soient les difficultés du chemin que nous prenons.

Amitié,
champagne du cœur
aux bulles joyeuses du bonheur.

Entre amis,
l'entraide ne peut souffrir
de retard.

L'amitié,
c'est pouvoir tout se dire,
sans jamais blesser l'autre.

L'amitié,
carrefour des avenues
qui ont pour nom
la tolérance, l'écoute,
le partage et l'affection.

L'amitié n'a pas besoin
de se nourrir d'admiration.

L'amitié, c'est le pansement des blessures de l'existence.

L'amitié, c'est une fleur derrière l'oreille du bonheur.

L'amitié,
lien inexplicable et impalpable
qui relie certains êtres.

Les moments
de grande connivence
entretiennent l'amitié.

Ami, dans la nuit,
tu me guides dans les ténèbres.

Ami des jours mauvais,
étoile de mon salut.

Aux matins sans amis,
grisaille de tous les soirs.

Chandelles de l'amitié
éclairent la nuit froide.

Aux alizés de l'amitié,
sèchent les larmes des tempêtes.

Au soleil de l'amitié
s'apaisent les orages.

Plus supportables
sont le froid, la pluie,
les peines et les tempêtes,
quand un ami
nous tend la main.

Pouvoir et fortune
ne sont rien dans la vie
quand à ces fausses richesses
manque l'amitié.

Qu'importe une vie
sans artifices et sans gloire,
quand l'amitié
nous réchauffe l'âme.

Quand ma route
s'égare dans les brumes glacées
d'un quotidien sans rêves,
Ami, tu es mon phare.

Qu'il vente, grêle ou pleuve,
ma joie est toujours neuve,
quand l'amitié est du voyage,
illuminant tous les nuages.

Bien à plaindre est celui
qui ne reconnaît pas la voix
de l'ami, dans le concert
trompeur de l'étrange comédie
qu'on appelle la vie.

bois, mange, respire,
aime, rêve et ris,
en un mot, existe, mon ami.
Sois heureux seulement,
c'est mon bonheur à moi.

tu es mon ami,
je suis ton ami,
tout est dit.

IMPRIMÉ EN FRANCE PAR BRODARD ET TAUPIN
23348 - La Flèche (Sarthe), le 26-03-2004.
Dépôt légal : mars 2004